SHORT STORIES IN ITALIAN For BEGINNERS Kids!

...A Special Italian Short Stories For Beginners That Learn Italian With Short Stories Volume 1!

By

Amyas Andrea

COPYRIGHT NOTICE

Copyright © 2019 by **Amyas Andrea**.

All rights reserved. This book or any portion thereof may not be reproduced or used in any manner whatsoever without the express written permission of the publisher except for the use of brief quotations in a book review.

Cover by Eljays Design Concept

Printed in the United States of America

First printing July 2019

Tabella dei Contenuti

INTRODUZIONE 4

IL POVERO UOMO E LA SUA BELLA FIGLIA 5

PREGUNTAS: 16

IL CACCIATORE E IL CANE 17

DOMANDE 28

TIMPSON E IL SUO CUCCIOLO 29

INTRODUZIONE

Benvenuti in questo insolito tre sorprendenti Racconti in italiano

For Beginner kids (Migliori racconti di tutti i tempi) Volume 1.

Troverai le storie molto interattive, istruttive e istruttive sulla corretta formazione del carattere di un bambino in via di sviluppo.

Alla fine di ogni storia, troverai una parola di Dio che riassume la morale della storia. Questo è poi seguito da domande per testare la comprensione del bambino della storia.

Credimi quando dico, non hai mai letto qualcosa di simile prima. In effetti, tuo figlio sta per sperimentare una prospettiva diversa per la vita vittoriosa.

Prendi subito una copia e divertiti!

IL POVERO UOMO E LA SUA BELLA FIGLIA

C'era una volta un uomo molto ricco che era molto vecchio e brutto.

Un giorno un poverissimo uomo che ha una bellissima figlia venne dal vecchio e brutto ricco per un po 'di cibo.

L'uomo molto vecchio e brutto ha dato da mangiare ai poveri, ma in cambio ha voluto sposare la giovane e bella figlia del povero uomo.

Questo ha reso l'uomo molto povero così triste.

Pertanto, ha dovuto rifiutare il cibo perché voleva che sua figlia andasse all'università e trovasse un buon lavoro così, poteva essere ricca e prendersi cura di lui.

Tuttavia, il vecchio ricco e brutto continuava a dare al povero uomo diverse proposte ogni giorno perché voleva la mano

di sua figlia in ogni caso, ma il povero uomo vecchio rifiutava tutte le sue proposte.

Un giorno, l'uomo molto povero passò dalla fattoria del ricco e il ricco iniziò improvvisamente ad accusare il povero uomo di tentare di rubare i suoi raccolti.

Prima che il pover'uomo potesse spiegarsi, una folla di persone si era radunata e stavano per picchiarlo in una poltiglia prima che il ricco gli disse loro di andare che avrebbe voluto gestire la faccenda da solo.

E poiché è ricco e vecchio, la folla si disperde credendo che il vecchio uomo dovrebbe essere abbastanza saggio da prendersi cura di se stesso.

L'uomo brutto, vecchio e molto ricco fece allora una proposta che stava per portare una scatola vuota e stava per scrivere Sì su un foglio di carta e No su un altro pezzo di carta e il povero stava per venire con il suo bella figlia a prendere uno dei fogli di carta da una scatola.

Se la figlia sceglie Sì, lui sposerà la figlia e lascerà libero il povero uomo, ma se la figlia sceglie no, stava per dare al povero uomo metà della sua ricchezza e lascia lui e sua figlia solo.

Così, il povero uomo fu d'accordo e andò a casa a portare la sua bellissima figlia, anche se era spaventato perché non voleva che sua figlia si sposasse mai con un uomo molto vecchio e brutto, che è anche un imbroglione.

Tuttavia, sconosciuto al pover'uomo e alla sua bella figlia, il ricco e brutto vecchio aveva pagato una folla di persone per venire a testimoniare la sua proposta di matrimonio alla bellissima figlia del povero uomo

.

Quindi, prima che sapessero cosa stava succedendo, il vecchio brutto fischiò e la folla si precipitò a vedere la bella ragazza prendere una delle carte dalla scatola.

Mentre camminava verso la scatola, il vecchio disse "ricorda se scegli di sì, diventerai automaticamente mia moglie, tuttavia, se scegli no, arricchirò il tuo povero padre cieco e ti lascerò andare, questo è il prezzo che tuo padre deve pagare per aver tentato di rubare i miei raccolti.

La bella ragazza cominciò a pregare Dio nel sua cuore perché sapeva che il brutto vecchio aveva accusato sua padre in modo sbagliato e aveva anche messo due risposte sì nella scatola.

Ora lascia che ti faccia una domanda a questo punto, se tu fossi la bella ragazza cosa farai?

Ad ogni modo, la ragazza prese semplicemente un pezzo di carta dalla scatola di fronte alla folla e la gettò fuori dalla finestra!

La folla ignara era scioccata dalle azioni della bella ragazza.

Tuttavia, prima che il vecchio potesse protestare, la bella ragazza affrontò la folla e disse che gettò il foglio fuori dalla finestra perché il vento lo portasse via perché non sopportava il pensiero di lasciare suo padre tutto solo.

Lei inoltre spiegato che è o lei ha scelto un "sì" o un "no". poiché quelle erano le due opzioni nella scatola.

Lei poi chiesto al ricco, brutto e molto vecchio uomo di mostrare alla folla ciò che è scritto sulla carta che è rimasta nella scatola, dicendo che se è un "sì", allora deve aver scelto un "no", e se è un "no", quindi deve aver scelto un "sì".

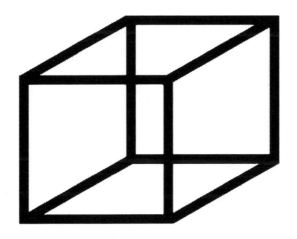

Sentendo questo, il vecchio molto brutto e ricco piegò la testa per la vergogna. perché sapeva di avere un "sì" scritto su entrambi i fogli e questa giovanissima bella ragazza l'ha fatto sembrare stupido.

Sì, la tua ipotesi è buona come la mia, l'uomo ricco, molto vecchio e brutto non ha avuto altra scelta che dare metà della sua ricchezza al povero uomo e lasciare sua figlia da sola come promesso e testimoniato dalla folla di persone.

Nel frattempo, la folla lo applaudiva credendo che fosse davvero un uomo giusto e generoso, non sapendo cosa aveva fatto.

Ricorda sempre che la parola di Dio dice: La saggezza è la cosa principale; quindi ottenere saggezza. E in tutto ciò che ottieni, ottieni comprensione. Proverbi 4: 7.

Se la bella ragazza non avesse imparato a invocare Dio, sarebbe stata ingannato a sposare questo vecchio furbo. chi aveva già imbrogliato prima dell'inizio della partita.

Preguntas:

1. *Come descriveresti il vecchio molto brutto e ricco?*

2. *Pensi che il poveretto abbia sbagliato a chiedere aiuto al vecchio e brutto uomo ricco?*

3. *Come descriveresti la ragazza molto bella?*

4. Chi pensi che abbia salvato la bellissima ragazza dall'essere ingannata per sposarsi con il brutto vecchio?

5. Come pensi che la saggezza possa essere raggiunta?

Il cacciatore e il cane

C'era una volta un cacciatore coraggioso chiamato Polycap, era l'unico che poteva andare nella fitta foresta e uscire vivo senza essere a mani vuote, non sarebbe nemmeno graffiato o ferito.

Un giorno, Polycap non aveva voglia di andare nella fitta foresta, voleva andare nella boscaglia normale.

Al suo arrivo, ha cercato e cercato animali,. ma non riusciva a trovare nessuno. Poi vide un cane e la sua famiglia passeggiare, voleva ucciderli prima che il cane parlasse, "Ah, per favore non uccidere me e la mia famiglia, per favore abbi pieta.

In effetti, se vuoi conoscere le case degli altri animali, sono disposto a portarti là "disse il cane.

Polycap, ha adorato questa idea e così ha deciso di stipulare un accordo con il cane.

Ha detto "Ok, ragazzo intelligente, portami lì e non voglio uccidere te o qualcuno dei tuoi familiari Ha detto "Ok, ragazzo intelligente, portami lì e non voglio uccidere te o qualcuno dei tuoi familiari".

    Tuttavia, un piccione ascoltava la loro conversazione, a loro sconosciuta, sapeva che il cane li aveva traditi (gli animali), volò rapidamente per avvertire gli altri animali, ma tutti hanno capito il fatto che il cane conosce il loro odore e potrebbe facilmente annusarli.

    Il cane conosce anche la forma dei loro piedi e potrebbe tracciare i loro passi ovunque andassero, così hanno rinunciato a cercare un buon posto dove nascondersi.

Ma gli uccelli erano in grado di coprire i loro stessi passi, almeno quando volavano via, il cacciatore non sarebbe stato in grado di ucciderli, ma il cane li stava intercettando.

Le antilopi dicevano che stavano andando a nord, la zebra e il cervo andarono a sud del cespuglio, mentre gli altri trovarono i loro posti nelle parti est e ovest del cespuglio.

Tuttavia, quando avevano finito le loro discussioni, il cane corse a casa del cacciatore in modo che non fosse catturato dagli altri animali.

Da quel giorno in poi, il cacciatore e il cane andarono a caccia e il cacciatore mantenne la sua promessa e il cane non fallì mai fino a quando un giorno.

Tutti gli altri animali hanno detto: "Dobbiamo porre fine a questo".

Pertanto, sono andati a re leone per aiutarli a chiamare il cane e la sua famiglia

Il re leone allora ha chiamato il cane ma il cane non si è fatto vivo.

Il re leone era arrabbiato così, la tartaruga disse: "Facciamo una trappola per lui, metteremo un osso in una rete e copriremo la rete con le foglie in modo che quando il cane va a mangiare l'osso, gli uccelli trascinino la rete e portalo da noi ".

Sono tutti d'accordo e hanno iniziato a costruire la netta.

Quando ebbero finito, la tartaruga ci mise un osso e tutti fecero come aveva detto la tartaruga.

Quando il cane è entrato nella rete, lo hanno portato a re leone e il re leone ha detto "perché hai tradito i tuoi simili animali"?

Il cane rispose e disse: "L'ho fatto perché non volevo essere ucciso".

Il leone poi gli ha chiesto di dire loro dove vive il cacciatore ma il cane ha affermato di non sapere.

Quindi la tartaruga ha detto che dovrebbero creare una trappola per il cacciatore. Ha detto che dovrebbero mettere un'antilope finta in una rete in modo che quando il cacciatore lo spara, cadrà, mentre il cacciatore sta per portarlo; la rete si spezzerà e gli uccelli lo porteranno a noi.

Quindi, hanno fatto un'antilope finta e una rete. Quando ebbero finito, fecero come disse la tartaruga, tuttavia, quando il cacciatore vide l'antilope, lo sospettò perché l'antilope lo vide ma non si mosse così, il cacciatore lo sparò.

Per confermare i suoi sospetti, quando gli sparò, il sangue non è uscito invece le foglie uscirono e lui confermò immediatamente che l'antilope era finta.

Poi si guardò intorno e vide le reti. Questo lo ha reso molto arrabbiato.

Facendo una seconda occhiata, riuscì a individuare il cane che cercava freneticamente di spiegare cosa fosse successo, tuttavia, il cacciatore era troppo arrabbiato per sentirlo, così; ha sparato al cane e alla sua famiglia per tradirlo.

Domande

Considerando queste scritture:
Ecclesiaste 10: 8- Chi scava una fossa vi cadrà; e chi rompe una siepe, un serpente lo morderà.

Galati 6: 7- Non essere ingannato, Dio non viene deriso; per quanto semina un uomo, anch'egli mieterà Galati 6: 7- Non essere ingannato, Dio non viene deriso; per quanto semina un uomo, anch'egli mieterà.

Cosa pensi che sia la morale di questa storia?

Timpson e il suo cucciolo

C'era una volta un ragazzo di nome Timpson. a cui è stato dato un bel cucciolo da suo padre.

Il cucciolo avrebbe causato una fortuna se suo padre avesse deciso di venderlo.

Timpson adorava il cucciolo e gli dava

da mangiare tutto il giorno. Non fa nulla senza avere il suo adorabile cucciolo al suo fianco.

Un giorno, Timpson ha deciso di andare su una lungo cammino con il suo bel cucciolo per la prima volta.

Tuttavia, il primo gruppo di persone che ha visto Timpson con il suo cucciolo ha deciso di chiamare il cucciolo un maialino a causa dell'invidia.

Così, non appena si avvicinò, dissero "Oh Timpson che bel porcellino hai lì".

Sentendo il loro commento, Timpson ha risposto dicendo loro che si trattava di un cucciolo e non di un maialino, ma essi insistito sul fatto che si trattava di un maialino.

Mentre Timpson andava avanti, incontrò un'altra serie di persone che ripetevano la stessa cosa "Ah Timpson che bel porcellino hai lì".

Questo fece in modo che Timpson guardasse di nuovo il suo cucciolo, dicendo "questo è un cucciolo e non un maialino" e se ne andò.

Arrivati al prossimo gruppo di persone, hanno ripetuto la stessa cosa come se fosse stata ben provata per frustrare Timpson.

A questo punto, Timpson ha iniziato a dubitare che il suo cucciolo sia davvero un cucciolo, dopotutto.

Così, decise di abbandonare il cucciolo sulla strada senza badare al latrato del cucciolo.

Quando arrivò a casa senza il cucciolo, suo padre fu sorpreso e chiese a Timpson dove aveva lasciato il suo cucciolo ma per lo smarrimento di suo padre, Timpson rispose dicendo che non aveva un cucciolo, era un maialino tutto questo mentreQuando arrivò a casa senza il cucciolo, suo padre fu sorpreso e chiese a Timpson dove aveva lasciato il suo cucciolo ma per lo smarrimento di suo padre, Timpson rispose dicendo che non aveva un cucciolo, era un maialino tutto questo mentre.

Il padre fu scioccato dall'esplosione di Timpson. Afferrò Timpson per mano e gli mostrò la madre del cucciolo, che è un pastore tedesco. Ma Timpson ha insistito sul fatto che fosse un maiale.

Suo padre non poteva credere alle sue orecchie. Timpson ora ha spiegato quello che la gente ha detto del suo cucciolo e non ha avuto altra scelta che crederci dato che quella era la prima volta che prendeva il cucciolo per una lungo cammino.

Sentendo questo, suo padre ha dovuto trascinare Timpson nel punto in cui aveva abbandonato il povero cucciolo.

Tuttavia, quello che hanno scoperto è stato sconcertante. Lo sai che la stessa folla che chiamava il cucciolo un maialino circondava il cucciolo e ne ammirava la bellezza?

Sfortunatamente, per Timpson e suo padre non potevano irrompere nella folla per raccogliere il cucciolo mentre la folla era pronta per battere chiunque cercasse di rubare il "loro" cucciolo.

- La morale della storia è di amare ciò che hai.
- Non lasciare che altri ti ingannino da ciò che sai.
- Non permettere alla folla, che si tratti di amici, colleghi, ecc., Di prendere i valori che i tuoi genitori hanno messo in te.

1 Pietro 5: 8 dice: Sii sobrio, sii vigilante; perché il tuo avversario, il diavolo, come un leone ruggente, se ne va, cercando chi possa divorare

Made in the USA
Monee, IL
18 November 2022

18045150R00022